Table of contents:

Meow : In English

Meow Meow Meow Meow

Miau : In Spanish

Miau Miau Miau Miau

Miaou : in French

Miaou Miaou Miaou Miaou

Meow : In English

Meow Meow Meow Meow

Meow Meow Meow Meow Meow Meow Meow
Meow Meow Meow Meow Meow Meow Meow
Meow Meow Meow Meow Meow Meow Meow
Meow Meow Meow Meow Meow Meow Meow
Meow Meow Meow Meow Meow

Meow Meow Meow Meow Meow Meow Meow
Meow Meow Meow Meow Meow Meow Meow
Meow Meow Meow Meow Meow Meow Meow
Meow Meow Meow Meow Meow Meow

Meow Meow Meow Meow Meow Meow Meow
Meow Meow Meow Meow Meow Meow Meow
Meow Meow Meow Meow Meow Meow Meow
Meow Meow Meow Meow Meow Meow Meow
Meow Meow Meow Meow Meow Meow Meow

Meow Meow Meow Meow Meow Meow Meow
Meow Meow Meow Meow Meow Meow Meow
Meow Meow Meow Meow Meow Meow Meow
Meow Meow Meow Meow Meow Meow Meow
Meow Meow Meow Meow Meow Meow Meow
Meow Meow Meow Meow Meow Meow Meow
Meow Meow Meow Meow Meow Meow Meow
Meow Meow Meow Meow Meow Meow Meow
Meow Meow Meow Meow Meow Meow Meow
Meow Meow Meow Meow Meow Meow Meow
Meow Meow Meow Meow Meow Meow Meow
Meow Meow Meow Meow Meow Meow Meow
Meow Meow Meow Meow Meow Meow Meow
Meow Meow Meow Meow Meow Meow Meow

Meow Meow Meow Meow Meow Meow Meow
Meow Meow Meow Meow Meow

Meow Meow Meow Meow Meow Meow Meow
Meow Meow Meow Meow Meow Meow Meow
Meow Meow Meow Meow Meow Meow Meow
Meow Meow Meow Meow Meow Meow Meow

Meow Meow Meow Meow Meow Meow Meow
Meow Meow Meow Meow Meow Meow Meow

Meow Meow Meow Meow Meow Meow Meow
Meow Meow Meow Meow Meow Meow Meow
Meow Meow Meow Meow Meow Meow

Meow Meow Meow Meow Meow Meow Meow
Meow Meow Meow Meow Meow Meow Meow
Meow Meow Meow Meow Meow Meow Meow

Meow Meow Meow Meow Meow Meow Meow
Meow Meow Meow Meow Meow Meow Meow
Meow Meow Meow Meow Meow Meow Meow

Meow Meow Meow Meow Meow Meow Meow
Meow Meow Meow Meow Meow Meow Meow
Meow Meow Meow Meow Meow Meow Meow
Meow Meow Meow Meow Meow Meow Meow

Meow Meow Meow Meow Meow Meow Meow
Meow Meow Meow Meow Meow Meow Meow

Meow Meow Meow Meow Meow Meow Meow
Meow Meow Meow Meow Meow Meow Meow
Meow Meow Meow Meow Meow Meow Meow

Meow Meow Meow Meow Meow Meow Meow
Meow Meow Meow Meow Meow Meow Meow
Meow Meow Meow

Meow Meow Meow Meow Meow Meow Meow
Meow Meow Meow Meow Meow Meow Meow
Meow Meow Meow Meow Meow Meow Meow
Meow Meow Meow Meow Meow Meow Meow
Meow Meow Meow Meow

Meow Meow Meow Meow Meow Meow Meow
Meow Meow Meow Meow Meow Meow Meow
Meow Meow Meow Meow Meow Meow Meow
Meow Meow Meow Meow Meow Meow Meow
Meow Meow Meow Meow Meow Meow Meow
Meow Meow Meow Meow Meow Meow Meow

Meow Meow Meow Meow Meow Meow Meow
Meow Meow Meow Meow Meow Meow Meow
Meow Meow Meow Meow Meow Meow Meow
Meow Meow Meow Meow Meow Meow Meow
Meow Meow Meow Meow Meow

Meow Meow Meow Meow Meow Meow Meow
Meow Meow Meow Meow Meow Meow Meow
Meow Meow Meow

Meow Meow Meow Meow Meow Meow Meow
Meow Meow Meow Meow Meow Meow Meow
Meow Meow Meow Meow Meow Meow
Meow Meow Meow Meow Meow Meow Meow
Meow Meow Meow Meow Meow Meow Meow

Meow Meow Meow Meow Meow Meow Meow
Meow Meow Meow Meow Meow Meow Meow
Meow Meow Meow Meow Meow Meow Meow
Meow Meow Meow Meow Meow Meow Meow
Meow Meow Meow Meow Meow Meow Meow
Meow Meow Meow Meow Meow Meow Meow
Meow Meow Meow Meow Meow Meow Meow
Meow Meow Meow Meow Meow Meow Meow
Meow Meow Meow Meow Meow Meow Meow
Meow Meow Meow Meow Meow Meow Meow
Meow Meow Meow Meow Meow Meow Meow
Meow Meow Meow Meow Meow Meow Meow
Meow Meow Meow Meow Meow Meow Meow

Meow Meow Meow Meow Meow Meow Meow
Meow Meow Meow Meow Meow Meow Meow
Meow Meow Meow Meow Meow Meow Meow

Meow Meow Meow Meow Meow Meow Meow
Meow Meow Meow Meow Meow Meow Meow
Meow Meow Meow Meow Meow Meow Meow
Meow Meow Meow Meow Meow Meow Meow

Meow Meow Meow Meow Meow Meow Meow
Meow Meow Meow Meow Meow Meow Meow
Meow Meow Meow Meow Meow Meow Meow
Meow Meow Meow Meow Meow Meow Meow
Meow Meow Meow Meow Meow Meow Meow
Meow Meow Meow Meow Meow Meow Meow

Meow Meow Meow Meow Meow Meow Meow
Meow Meow Meow Meow Meow Meow Meow
Meow Meow Meow Meow Meow Meow Meow
Meow Meow Meow Meow Meow Meow Meow
Meow Meow Meow Meow Meow

Meow Meow Meow Meow Meow Meow Meow
Meow Meow Meow Meow Meow Meow Meow
Meow Meow Meow

Meow Meow Meow Meow Meow Meow Meow
Meow Meow Meow Meow Meow Meow Meow
Meow Meow Meow Meow Meow Meow
Meow Meow Meow Meow Meow Meow Meow
Meow Meow Meow Meow Meow Meow Meow

Meow Meow Meow Meow Meow Meow Meow
Meow Meow Meow Meow Meow Meow Meow
Meow Meow Meow Meow Meow Meow Meow
Meow Meow Meow Meow Meow Meow Meow
Meow Meow Meow Meow Meow

Meow Meow Meow Meow Meow Meow Meow
Meow Meow Meow Meow Meow Meow Meow
Meow Meow Meow Meow Meow Meow Meow
Meow Meow Meow Meow Meow Meow

Meow Meow Meow Meow Meow Meow Meow
Meow Meow Meow Meow Meow Meow Meow
Meow Meow Meow Meow Meow Meow Meow
Meow Meow Meow Meow Meow Meow Meow
Meow Meow Meow Meow Meow Meow Meow

Meow Meow Meow Meow Meow Meow Meow
Meow Meow Meow Meow Meow Meow Meow
Meow Meow Meow Meow Meow Meow Meow
Meow Meow Meow Meow Meow Meow Meow
Meow Meow Meow Meow Meow Meow Meow
Meow Meow Meow Meow Meow Meow Meow
Meow Meow Meow Meow Meow Meow Meow
Meow Meow Meow Meow Meow Meow Meow
Meow Meow Meow Meow Meow Meow Meow
Meow Meow Meow Meow Meow Meow Meow
Meow Meow Meow Meow Meow Meow Meow
Meow Meow Meow Meow Meow Meow Meow
Meow Meow Meow Meow Meow Meow Meow
Meow Meow Meow Meow Meow Meow Meow

Meow Meow Meow Meow Meow Meow Meow
Meow Meow Meow Meow Meow Meow Meow
Meow Meow Meow Meow Meow Meow Meow
Meow Meow Meow Meow Meow Meow Meow
Meow Meow Meow Meow Meow Meow Meow
Meow Meow Meow Meow Meow Meow Meow
Meow Meow Meow Meow Meow Meow Meow
Meow Meow Meow Meow Meow Meow Meow
Meow Meow Meow Meow Meow Meow Meow
Meow Meow Meow Meow Meow Meow Meow
Meow Meow Meow Meow Meow Meow Meow
Meow Meow Meow Meow Meow Meow Meow
Meow Meow Meow Meow Meow Meow Meow
Meow Meow Meow Meow Meow Meow Meow

Meow Meow Meow Meow Meow Meow Meow
Meow Meow Meow Meow Meow Meow Meow
Meow Meow Meow Meow Meow Meow Meow

Meow Meow Meow Meow Meow Meow Meow
Meow Meow Meow Meow Meow Meow Meow
Meow Meow Meow Meow Meow Meow Meow
Meow Meow Meow Meow Meow Meow Meow

Meow Meow Meow Meow Meow Meow Meow
Meow Meow Meow Meow Meow Meow Meow

Meow Meow Meow Meow Meow Meow Meow
Meow Meow Meow Meow Meow Meow Meow
Meow Meow Meow Meow Meow Meow Meow

Meow Meow Meow Meow Meow Meow Meow
Meow Meow Meow Meow Meow Meow Meow
Meow Meow Meow

Meow Meow Meow Meow Meow Meow Meow
Meow Meow Meow Meow Meow Meow Meow
Meow Meow Meow Meow Meow Meow Meow
Meow Meow Meow Meow Meow Meow Meow
Meow Meow Meow Meow

Meow Meow Meow Meow Meow Meow Meow
Meow Meow Meow Meow Meow Meow Meow
Meow Meow Meow Meow Meow Meow Meow
Meow Meow Meow Meow Meow Meow Meow
Meow Meow Meow Meow Meow Meow Meow
Meow Meow Meow Meow Meow Meow Meow

Meow Meow Meow Meow Meow Meow Meow
Meow Meow Meow Meow Meow Meow Meow
Meow Meow Meow Meow Meow Meow Meow

Meow Meow Meow Meow Meow Meow Meow
Meow Meow Meow Meow Meow Meow Meow
Meow Meow Meow Meow Meow Meow Meow
Meow Meow Meow Meow Meow Meow Meow

Meow Meow Meow Meow Meow Meow Meow
Meow Meow Meow Meow Meow Meow Meow

Meow Meow Meow Meow Meow Meow Meow
Meow Meow Meow Meow Meow Meow Meow
Meow Meow Meow Meow Meow Meow Meow

Meow Meow Meow Meow Meow Meow Meow
Meow Meow Meow Meow Meow Meow Meow
Meow Meow Meow

Meow Meow Meow Meow Meow Meow Meow
Meow Meow Meow Meow Meow Meow Meow
Meow Meow Meow Meow Meow Meow Meow
Meow Meow Meow Meow Meow Meow Meow
Meow Meow Meow Meow

Meow Meow Meow Meow Meow Meow Meow
Meow Meow Meow Meow Meow Meow Meow
Meow Meow Meow Meow Meow Meow Meow
Meow Meow Meow Meow Meow Meow Meow
Meow Meow Meow Meow Meow Meow Meow
Meow Meow Meow Meow Meow Meow Meow

Meow Meow Meow Meow Meow Meow Meow
Meow Meow Meow Meow Meow Meow Meow
Meow Meow Meow Meow Meow Meow Meow
Meow Meow Meow Meow Meow Meow Meow
Meow Meow Meow Meow Meow

Meow Meow Meow Meow Meow Meow Meow
Meow Meow Meow Meow Meow Meow Meow
Meow Meow Meow

Meow Meow Meow Meow Meow Meow Meow
Meow Meow Meow Meow Meow Meow Meow
Meow Meow Meow Meow Meow Meow
Meow Meow Meow Meow Meow Meow Meow
Meow Meow Meow Meow Meow Meow Meow

Meow Meow Meow Meow Meow Meow Meow
Meow Meow Meow Meow Meow Meow Meow
Meow Meow Meow Meow Meow Meow Meow
Meow Meow Meow Meow Meow Meow Meow
Meow Meow Meow Meow Meow Meow Meow
Meow Meow Meow Meow Meow Meow Meow
Meow Meow Meow Meow Meow Meow Meow
Meow Meow Meow Meow Meow Meow Meow
Meow Meow Meow Meow Meow Meow Meow
Meow Meow Meow Meow Meow Meow Meow
Meow Meow Meow Meow Meow Meow Meow
Meow Meow Meow Meow Meow Meow Meow
Meow Meow Meow Meow Meow Meow Meow
Meow Meow Meow Meow Meow Meow Meow

Meow Meow Meow Meow Meow Meow Meow
Meow Meow Meow Meow Meow Meow Meow
Meow Meow Meow Meow Meow Meow Meow

Meow Meow Meow Meow Meow Meow Meow
Meow Meow Meow Meow Meow Meow Meow
Meow Meow Meow Meow Meow Meow Meow
Meow Meow Meow Meow Meow Meow Meow

Meow Meow Meow Meow Meow Meow Meow
Meow Meow Meow Meow Meow Meow Meow
Meow Meow Meow Meow Meow Meow Meow
Meow Meow Meow Meow Meow Meow Meow

Meow Meow Meow Meow Meow Meow Meow
Meow Meow Meow Meow Meow Meow Meow
Meow Meow Meow Meow Meow Meow Meow
Meow Meow Meow Meow Meow Meow Meow
Meow Meow Meow Meow Meow

Meow Meow Meow Meow Meow Meow Meow
Meow Meow Meow Meow Meow Meow Meow
Meow Meow Meow

Meow Meow Meow Meow Meow Meow Meow
Meow Meow Meow Meow Meow Meow Meow
Meow Meow Meow Meow Meow Meow
Meow Meow Meow Meow Meow Meow Meow
Meow Meow Meow Meow Meow Meow Meow

Meow Meow Meow Meow Meow Meow Meow
Meow Meow Meow Meow Meow Meow Meow

Meow Meow Meow Meow Meow Meow Meow
Meow Meow Meow Meow Meow Meow Meow

Meow Meow Meow Meow Meow Meow Meow
Meow Meow Meow Meow Meow Meow Meow

Meow Meow Meow Meow Meow Meow Meow
Meow Meow Meow Meow Meow Meow Meow

Meow Meow Meow Meow Meow Meow Meow
Meow Meow Meow Meow Meow Meow Meow
Meow Meow Meow Meow Meow Meow Meow

Meow Meow Meow Meow Meow Meow Meow
Meow Meow Meow Meow Meow Meow Meow
Meow Meow Meow Meow Meow Meow Meow
Meow Meow Meow Meow Meow Meow Meow
Meow Meow Meow Meow Meow Meow Meow
Meow Meow Meow Meow Meow Meow Meow
Meow Meow Meow Meow Meow Meow Meow
Meow Meow Meow Meow Meow Meow Meow
Meow Meow Meow Meow Meow Meow Meow
Meow Meow Meow Meow Meow Meow Meow
Meow Meow Meow Meow Meow Meow Meow
Meow Meow Meow Meow Meow Meow Meow
Meow Meow Meow Meow Meow Meow Meow
Meow Meow Meow Meow Meow Meow Meow

Meow Meow Meow Meow Meow Meow Meow
Meow Meow Meow Meow Meow Meow Meow
Meow Meow Meow Meow Meow Meow Meow

Meow Meow Meow Meow Meow Meow Meow
Meow Meow Meow Meow Meow Meow Meow
Meow Meow Meow Meow Meow Meow Meow
Meow Meow Meow Meow Meow Meow Meow

Meow Meow Meow Meow Meow Meow Meow
Meow Meow Meow Meow Meow Meow Meow

Meow Meow Meow Meow Meow Meow Meow
Meow Meow Meow Meow Meow Meow Meow
Meow Meow Meow Meow Meow Meow Meow

Meow Meow Meow Meow Meow Meow Meow
Meow Meow Meow Meow Meow Meow Meow
Meow Meow Meow Meow Meow Meow Meow
Meow Meow Meow Meow Meow Meow Meow
Meow Meow Meow Meow Meow

Meow Meow Meow Meow Meow Meow Meow
Meow Meow Meow Meow Meow Meow Meow
Meow Meow Meow Meow Meow Meow Meow
Meow Meow Meow Meow Meow Meow

Meow Meow Meow Meow Meow Meow Meow
Meow Meow Meow Meow Meow Meow Meow
Meow Meow Meow Meow Meow Meow Meow
Meow Meow Meow Meow Meow Meow Meow
Meow Meow Meow Meow Meow Meow Meow

Meow Meow Meow Meow Meow Meow Meow
Meow Meow Meow Meow Meow Meow Meow
Meow Meow Meow Meow Meow Meow Meow

Meow Meow Meow Meow Meow Meow Meow
Meow Meow Meow Meow Meow Meow Meow
Meow Meow Meow Meow Meow Meow Meow
Meow Meow Meow Meow Meow Meow Meow

Meow Meow Meow Meow Meow Meow Meow
Meow Meow Meow Meow Meow Meow Meow

Meow Meow Meow Meow Meow Meow Meow
Meow Meow Meow Meow Meow Meow Meow
Meow Meow Meow Meow Meow Meow Meow

Meow Meow Meow Meow Meow Meow Meow
Meow Meow Meow Meow Meow Meow Meow
Meow Meow Meow

Meow Meow Meow Meow Meow Meow Meow
Meow Meow Meow Meow Meow Meow Meow
Meow Meow Meow Meow Meow Meow Meow
Meow Meow Meow Meow Meow Meow Meow
Meow Meow Meow Meow

Meow Meow Meow Meow Meow Meow Meow
Meow Meow Meow Meow Meow Meow Meow
Meow Meow Meow Meow Meow Meow Meow
Meow Meow Meow Meow Meow Meow Meow
Meow Meow Meow Meow Meow Meow Meow
Meow Meow Meow Meow Meow Meow Meow

Meow Meow Meow Meow Meow Meow Meow
Meow Meow Meow Meow Meow Meow Meow
Meow Meow Meow Meow Meow Meow Meow
Meow Meow Meow Meow Meow Meow Meow
Meow Meow Meow Meow Meow

Meow Meow Meow Meow Meow Meow Meow
Meow Meow Meow Meow Meow Meow Meow
Meow Meow Meow

Meow Meow Meow Meow Meow Meow Meow
Meow Meow Meow Meow Meow Meow Meow
Meow Meow Meow Meow Meow Meow
Meow Meow Meow Meow Meow Meow Meow
Meow Meow Meow Meow Meow Meow Meow

Meow Meow Meow Meow Meow Meow Meow
Meow Meow Meow Meow Meow Meow Meow
Meow Meow Meow Meow Meow Meow Meow
Meow Meow Meow Meow Meow Meow Meow
Meow Meow Meow Meow Meow Meow Meow
Meow Meow Meow Meow Meow Meow Meow
Meow Meow Meow Meow Meow Meow Meow
Meow Meow Meow Meow Meow Meow Meow
Meow Meow Meow Meow Meow Meow Meow
Meow Meow Meow Meow Meow Meow Meow
Meow Meow Meow Meow Meow Meow Meow
Meow Meow Meow Meow Meow Meow Meow
Meow Meow Meow Meow Meow Meow Meow
Meow Meow Meow Meow Meow Meow Meow

Meow Meow Meow Meow Meow Meow Meow
Meow Meow Meow Meow Meow Meow Meow
Meow Meow Meow Meow Meow Meow Meow
Meow Meow Meow Meow Meow Meow Meow
Meow Meow Meow Meow Meow Meow Meow
Meow Meow Meow Meow Meow Meow Meow
Meow Meow Meow Meow Meow Meow Meow
Meow Meow Meow Meow Meow Meow Meow
Meow Meow Meow Meow Meow Meow Meow
Meow Meow Meow Meow Meow Meow Meow
Meow Meow Meow Meow Meow Meow Meow
Meow Meow Meow Meow Meow Meow Meow
Meow Meow Meow Meow Meow Meow Meow
Meow Meow Meow Meow Meow Meow Meow

Meow Meow Meow Meow Meow Meow Meow
Meow Meow Meow Meow Meow Meow Meow
Meow Meow Meow Meow Meow Meow Meow

Meow Meow Meow Meow Meow Meow Meow
Meow Meow Meow Meow Meow Meow Meow
Meow Meow Meow Meow Meow Meow Meow
Meow Meow Meow Meow Meow Meow Meow

Meow Meow Meow Meow Meow Meow Meow
Meow Meow Meow Meow Meow Meow Meow
Meow Meow Meow Meow Meow Meow Meow
Meow Meow Meow Meow Meow Meow Meow

Meow Meow Meow Meow Meow Meow Meow
Meow Meow Meow Meow Meow Meow Meow
Meow Meow Meow Meow Meow Meow Meow
Meow Meow Meow Meow Meow Meow Meow
Meow Meow Meow Meow Meow

Meow Meow Meow Meow Meow Meow Meow
Meow Meow Meow Meow Meow Meow Meow
Meow Meow Meow

Meow Meow Meow Meow Meow Meow Meow
Meow Meow Meow Meow Meow Meow Meow
Meow Meow Meow Meow Meow Meow
Meow Meow Meow Meow Meow Meow Meow
Meow Meow Meow Meow Meow Meow Meow

Meow Meow Meow Meow Meow Meow Meow

Meow Meow Meow Meow Meow Meow Meow

Meow Meow Meow Meow Meow Meow Meow

Meow Meow Meow Meow Meow Meow Meow

Meow Meow Meow Meow Meow Meow Meow

Meow Meow Meow Meow Meow Meow Meow

Meow Meow Meow Meow Meow Meow Meow

Meow Meow Meow Meow Meow Meow Meow

Meow Meow Meow Meow Meow Meow Meow

Meow Meow Meow Meow Meow Meow Meow

Meow Meow Meow Meow Meow Meow Meow

Meow Meow Meow Meow Meow Meow Meow

Meow Meow Meow Meow Meow Meow Meow

Meow Meow Meow Meow Meow Meow Meow
Meow Meow Meow Meow Meow Meow Meow
Meow Meow Meow Meow Meow Meow Meow

Meow Meow Meow Meow Meow Meow Meow
Meow Meow Meow Meow Meow Meow Meow
Meow Meow Meow Meow Meow Meow Meow
Meow Meow Meow Meow Meow Meow Meow

Meow Meow Meow Meow Meow Meow Meow
Meow Meow Meow Meow Meow Meow Meow
Meow Meow Meow Meow Meow Meow Meow
Meow Meow Meow Meow Meow Meow Meow
Meow Meow Meow Meow Meow Meow Meow
Meow Meow Meow Meow Meow Meow Meow

Meow Meow Meow Meow Meow Meow Meow
Meow Meow Meow Meow Meow Meow Meow
Meow Meow Meow Meow Meow Meow Meow
Meow Meow Meow Meow Meow Meow Meow
Meow Meow Meow Meow Meow

Meow Meow Meow Meow Meow Meow Meow
Meow Meow Meow Meow Meow Meow Meow
Meow Meow Meow

Meow Meow Meow Meow Meow Meow Meow
Meow Meow Meow Meow Meow Meow Meow
Meow Meow Meow Meow Meow Meow
Meow Meow Meow Meow Meow Meow Meow
Meow Meow Meow Meow Meow Meow Meow

Meow Meow Meow Meow Meow Meow Meow
Meow Meow Meow Meow Meow Meow Meow
Meow Meow Meow Meow Meow Meow Meow
Meow Meow Meow Meow Meow Meow Meow
Meow Meow Meow Meow Meow Meow Meow
Meow Meow Meow Meow Meow Meow Meow
Meow Meow Meow Meow Meow Meow Meow
Meow Meow Meow Meow Meow Meow Meow
Meow Meow Meow Meow Meow Meow Meow
Meow Meow Meow Meow Meow Meow Meow
Meow Meow Meow Meow Meow Meow Meow
Meow Meow Meow Meow Meow Meow Meow
Meow Meow Meow Meow Meow Meow Meow
Meow Meow Meow Meow Meow Meow Meow
Meow Meow Meow Meow Meow Meow Meow

Meow Meow Meow Meow Meow Meow Meow
Meow Meow Meow Meow Meow Meow Meow
Meow Meow Meow Meow Meow Meow Meow

Meow Meow Meow Meow Meow Meow Meow
Meow Meow Meow Meow Meow Meow Meow
Meow Meow Meow Meow Meow Meow Meow
Meow Meow Meow Meow Meow Meow Meow

Meow Meow Meow Meow Meow Meow Meow
Meow Meow Meow Meow Meow Meow Meow
Meow Meow Meow Meow Meow Meow Meow
Meow Meow Meow Meow Meow Meow Meow

Meow Meow Meow Meow Meow Meow Meow
Meow Meow Meow Meow Meow Meow Meow
Meow Meow Meow Meow Meow Meow Meow
Meow Meow Meow Meow Meow Meow Meow
Meow Meow Meow Meow Meow

Meow Meow Meow Meow Meow Meow Meow
Meow Meow Meow Meow Meow Meow Meow
Meow Meow Meow

Meow Meow Meow Meow Meow Meow Meow
Meow Meow Meow Meow Meow Meow Meow
Meow Meow Meow Meow Meow Meow
Meow Meow Meow Meow Meow Meow Meow
Meow Meow Meow Meow Meow Meow Meow

Meow Meow Meow Meow Meow Meow Meow
Meow Meow Meow Meow Meow Meow Meow
Meow Meow Meow Meow Meow Meow Meow
Meow Meow Meow Meow Meow Meow Meow
Meow Meow Meow Meow Meow

Meow Meow Meow Meow Meow Meow Meow
Meow Meow Meow Meow Meow Meow Meow
Meow Meow Meow Meow Meow Meow Meow
Meow Meow Meow Meow Meow Meow

Meow Meow Meow Meow Meow Meow Meow
Meow Meow Meow Meow Meow Meow Meow
Meow Meow Meow Meow Meow Meow Meow
Meow Meow Meow Meow Meow Meow Meow
Meow Meow Meow Meow Meow Meow Meow

Meow Meow Meow Meow Meow Meow Meow
Meow Meow Meow Meow Meow Meow Meow
Meow Meow Meow Meow Meow Meow Meow

Meow Meow Meow Meow Meow Meow Meow
Meow Meow Meow Meow Meow Meow Meow
Meow Meow Meow Meow Meow Meow Meow
Meow Meow Meow Meow Meow Meow Meow

Meow Meow Meow Meow Meow Meow Meow
Meow Meow Meow Meow Meow Meow Meow

Meow Meow Meow Meow Meow Meow Meow
Meow Meow Meow Meow Meow Meow Meow
Meow Meow Meow Meow Meow Meow Meow

Meow Meow Meow Meow Meow Meow Meow
Meow Meow Meow Meow Meow Meow Meow
Meow Meow Meow

Meow Meow Meow Meow Meow Meow Meow
Meow Meow Meow Meow Meow Meow Meow
Meow Meow Meow Meow Meow Meow Meow
Meow Meow Meow Meow Meow Meow Meow
Meow Meow Meow Meow

Meow Meow Meow Meow Meow Meow Meow
Meow Meow Meow Meow Meow Meow Meow
Meow Meow Meow Meow Meow Meow Meow
Meow Meow Meow Meow Meow Meow Meow
Meow Meow Meow Meow Meow Meow Meow
Meow Meow Meow Meow Meow Meow Meow

Meow Meow Meow Meow Meow Meow Meow
Meow Meow Meow Meow Meow Meow Meow
Meow Meow Meow Meow Meow Meow Meow
Meow Meow Meow Meow Meow Meow Meow
Meow Meow Meow Meow Meow

Meow Meow Meow Meow Meow Meow Meow
Meow Meow Meow Meow Meow Meow Meow
Meow Meow Meow

Meow Meow Meow Meow Meow Meow Meow
Meow Meow Meow Meow Meow Meow Meow
Meow Meow Meow Meow Meow Meow
Meow Meow Meow Meow Meow Meow Meow
Meow Meow Meow Meow Meow Meow Meow

Meow Meow Meow Meow Meow Meow Meow
Meow Meow Meow Meow Meow Meow Meow
Meow Meow Meow Meow Meow Meow Meow
Meow Meow Meow Meow Meow Meow Meow
Meow Meow Meow Meow Meow Meow Meow
Meow Meow Meow Meow Meow Meow Meow
Meow Meow Meow Meow Meow Meow Meow
Meow Meow Meow Meow Meow Meow Meow
Meow Meow Meow Meow Meow Meow Meow
Meow Meow Meow Meow Meow Meow Meow
Meow Meow Meow Meow Meow Meow Meow
Meow Meow Meow Meow Meow Meow Meow
Meow Meow Meow Meow Meow Meow Meow
Meow Meow Meow Meow Meow Meow Meow

Miau : In Spanish

Miau Miau Miau Miau

Miau Miau Miau Miau Miau Miau Miau

Miau Miau Miau Miau Miau Miau Miau

Miau Miau Miau Miau Miau Miau Miau

Miau Miau Miau Miau Miau Miau Miau

Miau Miau Miau Miau Miau Miau Miau

Miau Miau Miau Miau Miau Miau Miau

Miau Miau Miau Miau Miau Miau Miau

Miau Miau Miau Miau Miau Miau Miau

Miau Miau Miau Miau Miau Miau Miau

Miau Miau Miau Miau Miau Miau Miau

Miau Miau Miau Miau Miau Miau Miau

Miau Miau Miau Miau Miau Miau Miau

Miau Miau Miau Miau Miau Miau Miau

Miau Miau Miau Miau Miau Miau Miau

Miau Miau Miau Miau Miau Miau Miau

Miau Miau Miau Miau Miau Miau Miau

Miau Miau Miau Miau Miau Miau Miau

Miau Miau Miau Miau Miau Miau Miau

Miau Miau Miau Miau Miau Miau Miau

Miau Miau Miau Miau Miau Miau Miau

Miau Miau Miau Miau Miau Miau Miau

Miau Miau Miau Miau Miau Miau Miau

Miau Miau Miau Miau Miau Miau Miau
Miau Miau Miau Miau Miau Miau Miau
Miau Miau Miau Miau Miau Miau Miau
Miau Miau Miau Miau Miau

Miau Miau Miau Miau Miau Miau Miau
Miau Miau Miau Miau Miau Miau Miau
Miau Miau Miau Miau Miau Miau Miau

Miau Miau Miau Miau Miau Miau Miau
Miau Miau Miau Miau Miau Miau Miau
Miau Miau Miau Miau Miau Miau Miau
Miau Miau Miau Miau Miau Miau Miau

Miau Miau Miau Miau Miau Miau Miau

Miau Miau Miau Miau Miau Miau Miau

Miau Miau Miau Miau Miau Miau Miau

Miau Miau Miau Miau Miau Miau Miau

Miau Miau Miau Miau Miau Miau Miau

Miau Miau Miau Miau Miau Miau Miau

Miau Miau Miau Miau Miau Miau Miau

Miau Miau Miau Miau Miau Miau Miau

Miau Miau Miau Miau Miau Miau Miau

Miau Miau Miau Miau Miau Miau Miau

Miau Miau Miau Miau Miau Miau Miau

Miau Miau Miau Miau Miau Miau Miau

Miau Miau Miau Miau Miau Miau Miau
Miau Miau Miau Miau Miau Miau Miau
Miau Miau Miau Miau Miau Miau Miau

Miau Miau Miau Miau Miau Miau Miau
Miau Miau Miau Miau Miau Miau Miau
Miau Miau Miau Miau Miau Miau Miau
Miau Miau Miau Miau Miau Miau Miau

Miau Miau Miau Miau Miau Miau Miau
Miau Miau Miau Miau Miau Miau Miau
Miau Miau Miau Miau Miau Miau Miau

Miau Miau Miau Miau Miau Miau Miau
Miau Miau Miau Miau Miau Miau Miau

Miau Miau Miau Miau Miau Miau Miau
Miau Miau Miau Miau Miau Miau Miau

Miau Miau Miau Miau Miau Miau Miau
Miau Miau Miau Miau Miau Miau Miau

Miau Miau Miau Miau Miau Miau Miau
Miau Miau Miau Miau Miau Miau Miau

Miau Miau Miau Miau Miau Miau Miau

Miau Miau Miau Miau Miau Miau Miau

Miau Miau Miau Miau Miau Miau Miau

Miau Miau Miau Miau Miau Miau Miau

Miau Miau Miau Miau Miau Miau Miau

Miau Miau Miau Miau Miau Miau Miau

Miau Miau Miau Miau Miau Miau Miau

Miau Miau Miau Miau Miau Miau Miau

Miau Miau Miau Miau Miau Miau Miau

Miau Miau Miau Miau Miau Miau Miau

Miau Miau Miau Miau Miau Miau Miau

Miau Miau Miau Miau Miau Miau Miau

Miau Miau Miau Miau Miau Miau Miau

Miau Miau Miau Miau Miau Miau Miau

Miau Miau Miau Miau Miau Miau Miau

Miau Miau Miau Miau Miau Miau Miau

Miau Miau Miau Miau Miau Miau Miau

Miau Miau Miau Miau Miau Miau Miau

Miau Miau Miau Miau Miau Miau Miau

Miau Miau Miau Miau Miau Miau Miau

Miau Miau Miau Miau Miau Miau Miau

Miau Miau Miau Miau Miau Miau Miau

Miau Miau Miau Miau Miau Miau Miau

Miau Miau Miau Miau Miau Miau Miau
Miau Miau Miau Miau Miau Miau Miau
Miau Miau Miau

Miau Miau Miau Miau Miau Miau Miau
Miau Miau Miau Miau Miau Miau Miau
Miau Miau Miau Miau Miau Miau Miau
Miau Miau Miau

Miau Miau Miau Miau Miau Miau Miau
Miau Miau Miau Miau Miau Miau Miau
Miau Miau Miau

Miau Miau Miau Miau Miau Miau Miau
Miau Miau Miau Miau Miau Miau Miau
Miau Miau Miau Miau Miau Miau Miau

Miau Miau Miau Miau Miau Miau Miau

Miau Miau Miau Miau Miau Miau Miau

Miau Miau Miau Miau Miau Miau Miau

Miau Miau Miau Miau Miau Miau Miau

Miau Miau Miau Miau Miau Miau Miau

Miau Miau Miau Miau Miau Miau Miau

Miau Miau Miau Miau Miau Miau Miau

Miau Miau Miau Miau Miau Miau Miau

Miau Miau Miau Miau Miau Miau Miau

Miau Miau Miau Miau Miau Miau Miau

Miau Miau Miau Miau Miau Miau Miau

Miau Miau Miau Miau Miau Miau Miau

Miau Miau Miau Miau Miau Miau Miau
Miau Miau Miau Miau Miau Miau Miau

Miau Miau Miau Miau Miau Miau Miau
Miau Miau Miau Miau Miau Miau Miau
Miau Miau Miau Miau Miau Miau Miau

Miau Miau Miau Miau Miau Miau Miau
Miau Miau Miau Miau Miau Miau Miau
Miau Miau Miau Miau Miau Miau Miau

Miau Miau Miau Miau Miau Miau Miau
Miau Miau Miau Miau Miau Miau Miau

Miau Miau Miau Miau Miau Miau Miau
Miau Miau Miau Miau Miau Miau Miau
Miau Miau Miau Miau Miau Miau Miau
Miau Miau Miau Miau Miau

Miau Miau Miau Miau Miau Miau Miau
Miau Miau Miau Miau Miau Miau Miau
Miau Miau Miau Miau Miau Miau Miau

Miau Miau Miau Miau Miau Miau Miau
Miau Miau Miau Miau Miau Miau Miau
Miau Miau Miau Miau Miau Miau Miau
Miau Miau Miau Miau Miau Miau Miau

Miau Miau Miau Miau Miau Miau Miau

Miau Miau Miau Miau Miau Miau Miau

Miau Miau Miau Miau Miau Miau Miau

Miau Miau Miau Miau Miau Miau Miau

Miau Miau Miau Miau Miau Miau Miau

Miau Miau Miau Miau Miau Miau Miau

Miau Miau Miau Miau Miau Miau Miau

Miau Miau Miau Miau Miau Miau Miau

Miau Miau Miau Miau Miau Miau Miau

Miau Miau Miau Miau Miau Miau Miau

Miau Miau Miau Miau Miau Miau Miau

Miau Miau Miau Miau Miau Miau Miau

Miau Miau Miau Miau Miau Miau Miau

Miau Miau Miau Miau Miau Miau Miau

Miau Miau Miau Miau Miau Miau Miau

Miau Miau Miau Miau Miau Miau Miau

Miau Miau Miau Miau Miau Miau Miau

Miau Miau Miau Miau Miau Miau Miau

Miau Miau Miau Miau Miau Miau Miau

Miau Miau Miau Miau Miau Miau Miau

Miau Miau Miau Miau Miau Miau Miau

Miau Miau Miau Miau Miau Miau Miau
Miau Miau Miau Miau Miau Miau Miau

Miau Miau Miau Miau Miau Miau Miau
Miau Miau Miau Miau Miau Miau Miau

Miau Miau Miau Miau Miau Miau Miau
Miau Miau Miau Miau Miau Miau Miau

Miau Miau Miau Miau Miau Miau Miau
Miau Miau Miau Miau Miau Miau Miau

Miau Miau Miau Miau Miau Miau Miau

Miau Miau Miau Miau Miau Miau Miau

Miau Miau Miau Miau Miau Miau Miau

Miau Miau Miau Miau Miau Miau Miau

Miau Miau Miau Miau Miau Miau Miau

Miau Miau Miau Miau Miau Miau Miau

Miau Miau Miau Miau Miau Miau Miau

Miau Miau Miau Miau Miau Miau Miau

Miau Miau Miau Miau Miau Miau Miau

Miau Miau Miau Miau Miau Miau Miau

Miau Miau Miau Miau Miau Miau Miau

Miau Miau Miau Miau Miau Miau Miau
Miau Miau Miau Miau Miau Miau Miau
Miau Miau Miau Miau Miau

Miau Miau Miau Miau Miau Miau Miau
Miau Miau Miau Miau Miau Miau Miau
Miau Miau Miau Miau Miau Miau Miau
Miau Miau Miau Miau Miau Miau Miau
Miau Miau Miau Miau Miau Miau Miau
Miau Miau Miau Miau Miau Miau Miau
Miau Miau Miau Miau Miau Miau Miau
Miau Miau Miau Miau Miau Miau Miau
Miau Miau Miau Miau Miau Miau Miau

Miau Miau Miau Miau Miau Miau Miau

Miau Miau Miau Miau Miau Miau Miau

Miau Miau Miau

Miau Miau Miau Miau Miau Miau Miau

Miau Miau Miau Miau Miau Miau Miau

Miau Miau Miau Miau Miau Miau Miau

Miau Miau Miau

Miau Miau Miau Miau Miau Miau Miau

Miau Miau Miau Miau Miau Miau Miau

Miau Miau Miau

Miau Miau Miau Miau Miau Miau Miau

Miau Miau Miau Miau Miau Miau Miau

Miau Miau Miau Miau Miau Miau Miau

Miau Miau Miau Miau Miau Miau Miau

Miau Miau Miau Miau Miau Miau Miau

Miau Miau Miau Miau Miau Miau Miau

Miau Miau Miau Miau Miau Miau Miau

Miau Miau Miau Miau Miau Miau Miau

Miau Miau Miau Miau Miau

Miau Miau Miau Miau Miau Miau Miau

Miau Miau Miau Miau Miau Miau Miau

Miau Miau Miau Miau Miau Miau Miau

Miau Miau Miau Miau Miau Miau Miau

Miau Miau Miau Miau Miau Miau Miau

Miau Miau Miau Miau Miau Miau Miau

Miau Miau Miau Miau Miau Miau Miau

Miau Miau Miau Miau Miau Miau Miau

Miau Miau Miau Miau Miau Miau Miau

Miau Miau Miau Miau Miau Miau Miau

Miau Miau Miau Miau Miau Miau Miau

Miau Miau Miau Miau Miau Miau Miau

Miau Miau Miau Miau Miau Miau Miau

Miau Miau Miau Miau Miau Miau Miau

Miau Miau Miau Miau Miau Miau Miau

Miau Miau Miau Miau Miau Miau Miau

Miau Miau Miau Miau Miau Miau Miau

Miau Miau Miau Miau Miau Miau Miau

Miau Miau Miau Miau Miau Miau Miau

Miau Miau Miau Miau Miau Miau Miau

Miau Miau Miau Miau Miau Miau Miau

Miau Miau Miau Miau Miau Miau Miau

Miau Miau Miau Miau Miau Miau Miau

Miau Miau Miau Miau Miau Miau Miau

Miau Miau Miau Miau Miau Miau Miau

Miau Miau Miau Miau Miau Miau Miau

Miau Miau Miau Miau Miau Miau Miau

Miau Miau Miau Miau Miau Miau Miau

Miau Miau Miau Miau Miau Miau Miau

Miau Miau Miau Miau Miau Miau Miau

Miau Miau Miau Miau Miau Miau Miau

Miau Miau Miau Miau Miau Miau Miau

Miau Miau Miau Miau Miau Miau Miau

Miau Miau Miau Miau Miau Miau Miau

Miau Miau Miau Miau Miau Miau Miau

Miau Miau Miau Miau Miau Miau Miau

Miau Miau Miau Miau Miau Miau Miau

Miau Miau Miau Miau Miau Miau Miau

Miau Miau Miau Miau Miau Miau Miau

Miau Miau Miau Miau Miau Miau Miau

Miau Miau Miau Miau Miau Miau Miau
Miau Miau Miau Miau Miau Miau Miau

Miau Miau Miau Miau Miau Miau Miau
Miau Miau Miau Miau Miau Miau Miau
Miau Miau Miau Miau Miau Miau Miau

Miau Miau Miau Miau Miau Miau Miau
Miau Miau Miau Miau Miau Miau Miau
Miau Miau Miau Miau Miau Miau Miau

Miau Miau Miau Miau Miau Miau Miau
Miau Miau Miau Miau Miau Miau Miau

Miau Miau Miau Miau Miau Miau Miau

Miau Miau Miau Miau Miau Miau Miau

Miau Miau Miau Miau Miau Miau Miau

Miau Miau Miau Miau Miau

Miau Miau Miau Miau Miau Miau Miau

Miau Miau Miau Miau Miau Miau Miau

Miau Miau Miau Miau Miau Miau Miau

Miau Miau Miau Miau Miau Miau Miau

Miau Miau Miau Miau Miau Miau Miau

Miau Miau Miau Miau Miau Miau Miau

Miau Miau Miau Miau Miau Miau Miau

Miau Miau Miau Miau Miau Miau Miau

Miau Miau Miau Miau Miau Miau Miau

Miau Miau Miau Miau Miau Miau Miau

Miau Miau Miau Miau Miau Miau Miau

Miau Miau Miau Miau Miau Miau Miau

Miau Miau Miau Miau Miau Miau Miau

Miau Miau Miau Miau Miau Miau Miau

Miau Miau Miau Miau Miau Miau Miau

Miau Miau Miau Miau Miau Miau Miau

Miau Miau Miau Miau Miau Miau Miau

Miau Miau Miau Miau Miau Miau Miau

Miau Miau Miau Miau Miau Miau Miau

Miau Miau Miau Miau Miau Miau Miau

Miau Miau Miau Miau Miau Miau Miau

Miau Miau Miau Miau Miau Miau Miau

Miau Miau Miau Miau Miau Miau Miau

Miau Miau Miau Miau Miau Miau Miau

Miau Miau Miau Miau Miau Miau Miau

Miau Miau Miau Miau Miau Miau Miau

Miau Miau Miau Miau Miau Miau Miau

Miau Miau Miau Miau Miau Miau Miau

Miau Miau Miau Miau Miau Miau Miau

Miau Miau Miau Miau Miau Miau Miau

Miau Miau Miau Miau Miau Miau Miau

Miau Miau Miau Miau Miau Miau Miau

Miau Miau Miau Miau Miau Miau Miau

Miau Miau Miau Miau Miau Miau Miau
Miau Miau Miau Miau Miau Miau Miau
Miau Miau Miau Miau Miau

Miau Miau Miau Miau Miau Miau Miau
Miau Miau Miau Miau Miau Miau Miau
Miau Miau Miau Miau Miau Miau Miau
Miau Miau Miau Miau Miau Miau Miau
Miau Miau Miau Miau Miau Miau Miau
Miau Miau Miau Miau Miau Miau Miau
Miau Miau Miau Miau Miau Miau Miau
Miau Miau Miau Miau Miau Miau Miau

Miau Miau Miau Miau Miau Miau Miau

Miau Miau Miau Miau Miau Miau Miau

Miau Miau Miau

Miau Miau Miau Miau Miau Miau Miau

Miau Miau Miau Miau Miau Miau Miau

Miau Miau Miau Miau Miau Miau Miau

Miau Miau Miau

Miau Miau Miau Miau Miau Miau Miau

Miau Miau Miau Miau Miau Miau Miau

Miau Miau Miau

Miau Miau Miau Miau Miau Miau Miau

Miau Miau Miau Miau Miau Miau Miau

Miau Miau Miau Miau Miau Miau Miau

Miau Miau Miau Miau Miau Miau Miau

Miau Miau Miau Miau Miau Miau Miau

Miau Miau Miau Miau Miau

Miau Miau Miau Miau Miau Miau Miau

Miau Miau Miau Miau Miau Miau Miau

Miau Miau Miau Miau Miau Miau Miau

Miau Miau Miau Miau Miau Miau Miau

Miau Miau Miau Miau Miau Miau Miau

Miau Miau Miau Miau Miau Miau Miau

Miau Miau Miau Miau Miau Miau Miau

Miau Miau Miau Miau Miau Miau Miau

Miau Miau Miau Miau Miau Miau Miau

Miau Miau Miau Miau Miau Miau Miau

Miau Miau Miau Miau Miau Miau Miau

Miau Miau Miau Miau Miau Miau Miau

Miau Miau Miau Miau Miau Miau Miau

Miau Miau Miau Miau Miau Miau Miau

Miau Miau Miau Miau Miau Miau Miau

Miau Miau Miau Miau Miau Miau Miau

Miau Miau Miau Miau Miau Miau Miau

Miau Miau Miau Miau Miau Miau Miau

Miau Miau Miau Miau Miau Miau Miau

Miau Miau Miau Miau Miau Miau Miau

Miau Miau Miau Miau Miau Miau Miau
Miau Miau Miau Miau Miau Miau Miau
Miau Miau Miau Miau Miau Miau Miau
Miau Miau Miau Miau Miau Miau Miau

Miau Miau Miau Miau Miau Miau Miau
Miau Miau Miau Miau Miau Miau Miau
Miau Miau Miau Miau Miau Miau Miau
Miau Miau Miau Miau Miau Miau Miau

Miau Miau Miau Miau Miau Miau Miau
Miau Miau Miau Miau Miau Miau Miau

Miau Miau Miau Miau Miau Miau Miau

Miau Miau Miau Miau Miau Miau Miau

Miau Miau Miau Miau Miau Miau Miau

Miau Miau Miau Miau Miau Miau Miau

Miau Miau Miau Miau Miau Miau Miau

Miau Miau Miau Miau Miau Miau Miau

Miau Miau Miau Miau Miau Miau Miau

Miau Miau Miau Miau Miau Miau Miau

Miau Miau Miau Miau Miau Miau Miau

Miau Miau Miau Miau Miau Miau Miau

Miau Miau Miau Miau Miau Miau Miau

Miau Miau Miau Miau Miau Miau Miau

Miau Miau Miau Miau Miau Miau Miau

Miau Miau Miau Miau Miau Miau Miau

Miau Miau Miau Miau Miau Miau Miau

Miau Miau Miau Miau Miau Miau Miau

Miau Miau Miau Miau Miau Miau Miau

Miau Miau Miau Miau Miau Miau Miau

Miau Miau Miau Miau Miau Miau Miau

Miau Miau Miau Miau Miau Miau Miau

Miau Miau Miau Miau Miau Miau Miau

Miau Miau Miau Miau Miau Miau Miau

Miau Miau Miau Miau Miau Miau Miau
Miau Miau Miau Miau Miau Miau Miau
Miau Miau Miau Miau Miau Miau Miau
Miau Miau Miau Miau Miau

Miau Miau Miau Miau Miau Miau Miau
Miau Miau Miau Miau Miau Miau Miau
Miau Miau Miau Miau Miau Miau Miau

Miau Miau Miau Miau Miau Miau Miau
Miau Miau Miau Miau Miau Miau Miau
Miau Miau Miau Miau Miau Miau Miau
Miau Miau Miau Miau Miau Miau Miau

Miau Miau Miau Miau Miau Miau Miau

Miau Miau Miau Miau Miau Miau Miau

Miau Miau Miau Miau Miau Miau Miau

Miau Miau Miau Miau Miau Miau Miau

Miau Miau Miau Miau Miau Miau Miau

Miau Miau Miau Miau Miau Miau Miau

Miau Miau Miau Miau Miau Miau Miau

Miau Miau Miau Miau Miau Miau Miau

Miau Miau Miau Miau Miau Miau Miau

Miau Miau Miau Miau Miau Miau Miau

Miau Miau Miau Miau Miau Miau Miau

Miau Miau Miau Miau Miau Miau Miau

Miau Miau Miau Miau Miau Miau Miau

Miau Miau Miau Miau Miau Miau Miau

Miau Miau Miau Miau Miau Miau Miau

Miau Miau Miau Miau Miau Miau Miau

Miaou : in French

Miaou Miaou Miaou Miaou

Miaou Miaou Miaou Miaou Miaou Miaou

Miaou Miaou Miaou Miaou Miaou Miaou

Miaou Miaou Miaou Miaou Miaou Miaou

Miaou Miaou Miaou Miaou Miaou Miaou

Miaou Miaou Miaou Miaou Miaou Miaou

Miaou Miaou Miaou Miaou Miaou Miaou

Miaou Miaou Miaou Miaou Miaou Miaou

Miaou Miaou Miaou Miaou Miaou Miaou

Miaou Miaou Miaou Miaou Miaou Miaou

Miaou Miaou Miaou Miaou Miaou Miaou

Miaou Miaou Miaou Miaou Miaou Miaou

Miaou Miaou Miaou Miaou Miaou Miaou

Miaou Miaou Miaou Miaou Miaou Miaou

Miaou Miaou Miaou Miaou Miaou Miaou

Miaou Miaou Miaou Miaou Miaou Miaou

Miaou Miaou Miaou Miaou Miaou Miaou
Miaou Miaou Miaou Miaou Miaou Miaou
Miaou Miaou Miaou Miaou Miaou Miaou

Miaou Miaou Miaou Miaou Miaou Miaou
Miaou Miaou Miaou Miaou Miaou Miaou
Miaou Miaou Miaou Miaou Miaou Miaou
Miaou Miaou Miaou Miaou Miaou Miaou
Miaou Miaou Miaou Miaou Miaou Miaou

Miaou Miaou Miaou Miaou Miaou Miaou
Miaou Miaou Miaou Miaou Miaou Miaou
Miaou Miaou Miaou Miaou Miaou Miaou
Miaou Miaou Miaou Miaou Miaou Miaou
Miaou Miaou Miaou Miaou Miaou Miaou
Miaou Miaou Miaou Miaou Miaou Miaou

Miaou Miaou Miaou Miaou Miaou Miaou
Miaou Miaou Miaou Miaou Miaou Miaou
Miaou Miaou Miaou Miaou Miaou Miaou
Miaou Miaou Miaou Miaou Miaou Miaou
Miaou Miaou Miaou
Miaou Miaou Miaou Miaou Miaou Miaou
Miaou Miaou Miaou Miaou Miaou Miaou
Miaou Miaou Miaou Miaou Miaou Miaou
Miaou Miaou Miaou Miaou Miaou
Miaou Miaou Miaou Miaou Miaou Miaou
Miaou Miaou Miaou Miaou Miaou Miaou
Miaou Miaou Miaou Miaou Miaou Miaou
Miaou Miaou Miaou Miaou Miaou Miaou
Miaou Miaou Miaou Miaou
Miaou Miaou Miaou Miaou Miaou Miaou
Miaou Miaou Miaou Miaou Miaou Miaou

Miaou Miaou Miaou Miaou Miaou Miaou
Miaou Miaou Miaou Miaou Miaou Miaou

Miaou Miaou Miaou Miaou Miaou Miaou
Miaou Miaou Miaou Miaou Miaou Miaou

Miaou Miaou Miaou Miaou Miaou Miaou
Miaou Miaou Miaou Miaou Miaou Miaou

Miaou Miaou Miaou Miaou Miaou Miaou
Miaou Miaou Miaou Miaou Miaou Miaou

Miaou Miaou Miaou Miaou Miaou Miaou
Miaou Miaou Miaou Miaou Miaou Miaou
Miaou Miaou Miaou Miaou Miaou Miaou
Miaou Miaou Miaou Miaou Miaou Miaou

Miaou Miaou Miaou Miaou Miaou Miaou
Miaou Miaou Miaou Miaou Miaou Miaou
Miaou Miaou Miaou Miaou Miaou Miaou
Miaou Miaou Miaou Miaou Miaou Miaou
Miaou Miaou Miaou Miaou Miaou Miaou
Miaou Miaou Miaou Miaou Miaou Miaou
Miaou Miaou Miaou Miaou Miaou Miaou
Miaou Miaou Miaou Miaou Miaou Miaou
Miaou Miaou Miaou Miaou Miaou Miaou
Miaou Miaou Miaou Miaou Miaou Miaou

Miaou Miaou Miaou Miaou Miaou Miaou
Miaou Miaou Miaou Miaou Miaou Miaou
Miaou Miaou Miaou Miaou Miaou Miaou
Miaou Miaou Miaou Miaou Miaou Miaou
Miaou Miaou Miaou Miaou Miaou Miaou

Miaou Miaou Miaou Miaou Miaou Miaou

Miaou Miaou Miaou Miaou Miaou Miaou

Miaou Miaou Miaou Miaou Miaou Miaou

Miaou Miaou Miaou Miaou Miaou Miaou

Miaou Miaou Miaou Miaou Miaou Miaou

Miaou Miaou Miaou Miaou Miaou Miaou

Miaou Miaou Miaou Miaou Miaou Miaou

Miaou Miaou Miaou Miaou Miaou Miaou

Miaou Miaou Miaou Miaou Miaou Miaou

Miaou Miaou Miaou Miaou Miaou Miaou

Miaou Miaou Miaou Miaou Miaou Miaou

Miaou Miaou Miaou Miaou Miaou Miaou

Miaou Miaou Miaou Miaou Miaou Miaou

Miaou Miaou Miaou Miaou Miaou Miaou

Miaou Miaou Miaou Miaou Miaou Miaou

Miaou Miaou Miaou Miaou Miaou Miaou
Miaou Miaou Miaou Miaou Miaou Miaou
Miaou Miaou Miaou Miaou Miaou Miaou
Miaou Miaou Miaou Miaou Miaou Miaou
Miaou Miaou Miaou Miaou Miaou Miaou

Miaou Miaou Miaou Miaou Miaou Miaou
Miaou Miaou Miaou Miaou Miaou Miaou
Miaou Miaou Miaou Miaou Miaou Miaou
Miaou Miaou Miaou Miaou
Miaou Miaou Miaou Miaou Miaou Miaou
Miaou Miaou Miaou Miaou Miaou Miaou
Miaou Miaou Miaou Miaou Miaou Miaou
Miaou Miaou Miaou Miaou Miaou Miaou
Miaou Miaou Miaou Miaou Miaou Miaou
Miaou Miaou Miaou Miaou Miaou Miaou

Miaou Miaou Miaou Miaou Miaou Miaou
Miaou Miaou Miaou Miaou Miaou Miaou
Miaou Miaou Miaou Miaou Miaou Miaou

Miaou Miaou Miaou Miaou Miaou Miaou
Miaou Miaou Miaou Miaou Miaou Miaou
Miaou Miaou Miaou Miaou Miaou Miaou
Miaou Miaou Miaou Miaou Miaou Miaou
Miaou Miaou Miaou Miaou Miaou Miaou
Miaou Miaou Miaou Miaou Miaou Miaou
Miaou Miaou Miaou Miaou Miaou Miaou
Miaou Miaou Miaou Miaou Miaou Miaou
Miaou Miaou Miaou Miaou Miaou Miaou
Miaou Miaou Miaou Miaou Miaou Miaou
Miaou Miaou Miaou Miaou Miaou Miaou

Miaou Miaou Miaou Miaou Miaou Miaou
Miaou Miaou Miaou Miaou Miaou Miaou
Miaou Miaou Miaou Miaou Miaou Miaou
Miaou Miaou Miaou Miaou Miaou Miaou
Miaou Miaou Miaou Miaou Miaou Miaou
Miaou Miaou Miaou Miaou Miaou Miaou
Miaou Miaou Miaou Miaou Miaou Miaou
Miaou Miaou Miaou Miaou Miaou Miaou
Miaou Miaou Miaou Miaou Miaou Miaou
Miaou Miaou Miaou Miaou Miaou Miaou

Miaou Miaou Miaou Miaou Miaou Miaou
Miaou Miaou Miaou Miaou Miaou Miaou
Miaou Miaou Miaou Miaou Miaou Miaou
Miaou Miaou Miaou Miaou Miaou Miaou
Miaou Miaou Miaou Miaou Miaou Miaou

Miaou Miaou Miaou Miaou Miaou Miaou
Miaou Miaou Miaou Miaou Miaou Miaou
Miaou Miaou Miaou Miaou Miaou Miaou
Miaou Miaou Miaou Miaou Miaou Miaou
Miaou Miaou Miaou Miaou Miaou Miaou
Miaou Miaou Miaou Miaou Miaou Miaou
Miaou Miaou Miaou Miaou

Miaou Miaou Miaou Miaou Miaou Miaou
Miaou Miaou Miaou Miaou Miaou Miaou
Miaou Miaou Miaou Miaou Miaou Miaou
Miaou Miaou Miaou Miaou Miaou Miaou
Miaou Miaou Miaou Miaou Miaou Miaou
Miaou Miaou Miaou Miaou Miaou Miaou
Miaou Miaou Miaou Miaou Miaou Miaou

Miaou Miaou Miaou Miaou Miaou Miaou
Miaou Miaou Miaou Miaou Miaou Miaou
Miaou Miaou Miaou Miaou Miaou Miaou
Miaou Miaou Miaou Miaou Miaou Miaou
Miaou Miaou Miaou Miaou Miaou Miaou

Miaou Miaou Miaou Miaou Miaou Miaou
Miaou Miaou Miaou Miaou Miaou Miaou
Miaou Miaou Miaou Miaou Miaou Miaou
Miaou Miaou Miaou Miaou Miaou Miaou
Miaou Miaou Miaou Miaou Miaou Miaou
Miaou Miaou Miaou Miaou Miaou Miaou

Miaou Miaou Miaou Miaou Miaou Miaou
Miaou Miaou Miaou Miaou Miaou Miaou
Miaou Miaou Miaou Miaou Miaou Miaou

Miaou Miaou Miaou Miaou Miaou Miaou
Miaou Miaou Miaou Miaou Miaou Miaou
Miaou Miaou Miaou Miaou Miaou Miaou

Miaou Miaou Miaou Miaou Miaou Miaou
Miaou Miaou Miaou Miaou Miaou Miaou
Miaou Miaou Miaou Miaou Miaou Miaou
Miaou Miaou Miaou Miaou Miaou Miaou
Miaou Miaou Miaou
Miaou Miaou Miaou Miaou Miaou Miaou
Miaou Miaou Miaou Miaou Miaou Miaou
Miaou Miaou Miaou Miaou Miaou Miaou
Miaou Miaou Miaou Miaou Miaou Miaou
Miaou Miaou Miaou Miaou Miaou Miaou
Miaou Miaou Miaou Miaou Miaou Miaou
Miaou Miaou Miaou Miaou Miaou Miaou

Miaou Miaou Miaou Miaou Miaou Miaou

Miaou Miaou Miaou Miaou Miaou Miaou

Miaou Miaou Miaou Miaou Miaou Miaou

Miaou Miaou Miaou Miaou Miaou Miaou

Miaou Miaou Miaou Miaou Miaou Miaou

Miaou Miaou Miaou Miaou Miaou Miaou

Miaou Miaou Miaou Miaou Miaou Miaou

Miaou Miaou Miaou Miaou Miaou Miaou

Miaou Miaou Miaou Miaou Miaou Miaou

Miaou Miaou Miaou Miaou Miaou Miaou

Miaou Miaou Miaou Miaou Miaou Miaou

Miaou Miaou Miaou Miaou Miaou Miaou

Miaou Miaou Miaou Miaou Miaou Miaou

Miaou Miaou Miaou Miaou Miaou Miaou

Miaou Miaou Miaou Miaou Miaou Miaou

Miaou Miaou Miaou Miaou Miaou Miaou
Miaou Miaou Miaou Miaou Miaou Miaou
Miaou Miaou Miaou Miaou Miaou Miaou
Miaou Miaou Miaou Miaou Miaou Miaou
Miaou Miaou Miaou
Miaou Miaou Miaou Miaou Miaou Miaou
Miaou Miaou Miaou Miaou Miaou Miaou
Miaou Miaou Miaou Miaou Miaou Miaou
Miaou Miaou Miaou Miaou Miaou
Miaou Miaou Miaou Miaou Miaou Miaou
Miaou Miaou Miaou Miaou Miaou Miaou
Miaou Miaou Miaou Miaou Miaou Miaou
Miaou Miaou Miaou Miaou Miaou Miaou
Miaou Miaou Miaou Miaou
Miaou Miaou Miaou Miaou Miaou Miaou
Miaou Miaou Miaou Miaou Miaou Miaou

Miaou Miaou Miaou Miaou Miaou Miaou
Miaou Miaou Miaou Miaou Miaou Miaou

Miaou Miaou Miaou Miaou Miaou Miaou
Miaou Miaou Miaou Miaou Miaou Miaou

Miaou Miaou Miaou Miaou Miaou Miaou
Miaou Miaou Miaou Miaou Miaou Miaou

Miaou Miaou Miaou Miaou Miaou Miaou
Miaou Miaou Miaou Miaou Miaou Miaou

Miaou Miaou Miaou Miaou Miaou Miaou
Miaou Miaou Miaou Miaou Miaou Miaou
Miaou Miaou Miaou Miaou Miaou Miaou
Miaou Miaou Miaou Miaou Miaou Miaou

Miaou Miaou Miaou Miaou Miaou Miaou
Miaou Miaou Miaou Miaou Miaou Miaou
Miaou Miaou Miaou Miaou Miaou Miaou
Miaou Miaou Miaou Miaou Miaou Miaou
Miaou Miaou Miaou Miaou Miaou Miaou
Miaou Miaou Miaou Miaou Miaou Miaou
Miaou Miaou Miaou Miaou Miaou Miaou
Miaou Miaou Miaou Miaou Miaou Miaou
Miaou Miaou Miaou Miaou Miaou Miaou
Miaou Miaou Miaou Miaou Miaou Miaou

Miaou Miaou Miaou Miaou Miaou Miaou
Miaou Miaou Miaou Miaou Miaou Miaou
Miaou Miaou Miaou Miaou Miaou Miaou
Miaou Miaou Miaou Miaou Miaou Miaou

Miaou Miaou Miaou Miaou Miaou Miaou
Miaou Miaou Miaou Miaou Miaou Miaou
Miaou Miaou Miaou Miaou Miaou Miaou

Miaou Miaou Miaou Miaou Miaou Miaou
Miaou Miaou Miaou Miaou Miaou Miaou
Miaou Miaou Miaou Miaou Miaou Miaou
Miaou Miaou Miaou Miaou Miaou Miaou
Miaou Miaou Miaou Miaou Miaou Miaou
Miaou Miaou Miaou Miaou Miaou Miaou
Miaou Miaou Miaou Miaou Miaou Miaou
Miaou Miaou Miaou Miaou Miaou Miaou
Miaou Miaou Miaou Miaou Miaou Miaou
Miaou Miaou Miaou Miaou Miaou Miaou
Miaou Miaou Miaou Miaou Miaou Miaou

Miaou Miaou Miaou Miaou Miaou Miaou
Miaou Miaou Miaou Miaou Miaou Miaou
Miaou Miaou Miaou Miaou Miaou Miaou
Miaou Miaou Miaou Miaou Miaou Miaou
Miaou Miaou Miaou Miaou Miaou Miaou
Miaou Miaou Miaou Miaou Miaou Miaou
Miaou Miaou Miaou Miaou Miaou Miaou
Miaou Miaou Miaou Miaou Miaou Miaou
Miaou Miaou Miaou Miaou Miaou Miaou
Miaou Miaou Miaou Miaou Miaou Miaou

Miaou Miaou Miaou Miaou Miaou Miaou
Miaou Miaou Miaou Miaou Miaou Miaou
Miaou Miaou Miaou Miaou Miaou Miaou
Miaou Miaou Miaou Miaou Miaou Miaou
Miaou Miaou Miaou Miaou Miaou Miaou

Miaou Miaou Miaou Miaou Miaou Miaou
Miaou Miaou Miaou Miaou Miaou Miaou
Miaou Miaou Miaou Miaou Miaou Miaou
Miaou Miaou Miaou Miaou Miaou Miaou
Miaou Miaou Miaou Miaou Miaou Miaou
Miaou Miaou Miaou Miaou Miaou Miaou
Miaou Miaou Miaou Miaou

Miaou Miaou Miaou Miaou Miaou Miaou
Miaou Miaou Miaou Miaou Miaou Miaou
Miaou Miaou Miaou Miaou Miaou Miaou
Miaou Miaou Miaou Miaou Miaou Miaou
Miaou Miaou Miaou Miaou Miaou Miaou
Miaou Miaou Miaou Miaou Miaou Miaou
Miaou Miaou Miaou Miaou Miaou Miaou

Miaou Miaou Miaou Miaou Miaou Miaou
Miaou Miaou Miaou Miaou Miaou Miaou
Miaou Miaou Miaou Miaou Miaou Miaou
Miaou Miaou Miaou Miaou Miaou Miaou
Miaou Miaou Miaou Miaou Miaou Miaou

Miaou Miaou Miaou Miaou Miaou Miaou
Miaou Miaou Miaou Miaou Miaou Miaou
Miaou Miaou Miaou Miaou Miaou Miaou
Miaou Miaou Miaou Miaou Miaou Miaou
Miaou Miaou Miaou Miaou Miaou Miaou
Miaou Miaou Miaou Miaou Miaou Miaou

Miaou Miaou Miaou Miaou Miaou Miaou
Miaou Miaou Miaou Miaou Miaou Miaou
Miaou Miaou Miaou Miaou Miaou Miaou

Miaou Miaou Miaou Miaou Miaou Miaou
Miaou Miaou Miaou Miaou Miaou Miaou
Miaou Miaou Miaou Miaou Miaou Miaou
Miaou Miaou Miaou Miaou Miaou Miaou
Miaou Miaou Miaou Miaou Miaou Miaou
Miaou Miaou Miaou Miaou Miaou Miaou
Miaou Miaou Miaou Miaou Miaou Miaou
Miaou Miaou Miaou Miaou Miaou Miaou
Miaou Miaou Miaou Miaou Miaou Miaou
Miaou Miaou Miaou Miaou Miaou Miaou
Miaou Miaou Miaou Miaou Miaou Miaou
Miaou Miaou Miaou Miaou Miaou Miaou
Miaou Miaou Miaou Miaou Miaou Miaou
Miaou Miaou Miaou Miaou Miaou Miaou
Miaou Miaou Miaou Miaou Miaou Miaou

Miaou Miaou Miaou Miaou Miaou Miaou
Miaou Miaou Miaou Miaou Miaou Miaou
Miaou Miaou Miaou Miaou Miaou Miaou
Miaou Miaou Miaou Miaou Miaou Miaou
Miaou Miaou Miaou Miaou Miaou Miaou

Miaou Miaou Miaou Miaou Miaou Miaou
Miaou Miaou Miaou Miaou Miaou Miaou
Miaou Miaou Miaou Miaou Miaou Miaou
Miaou Miaou Miaou Miaou Miaou Miaou
Miaou Miaou Miaou Miaou Miaou Miaou
Miaou Miaou Miaou Miaou Miaou Miaou

Miaou Miaou Miaou Miaou Miaou Miaou
Miaou Miaou Miaou Miaou Miaou Miaou
Miaou Miaou Miaou Miaou Miaou Miaou

Miaou Miaou Miaou Miaou Miaou Miaou
Miaou Miaou Miaou Miaou Miaou Miaou
Miaou Miaou Miaou Miaou Miaou Miaou

Miaou Miaou Miaou Miaou Miaou Miaou
Miaou Miaou Miaou Miaou Miaou Miaou
Miaou Miaou Miaou Miaou Miaou Miaou
Miaou Miaou Miaou Miaou Miaou Miaou
Miaou Miaou Miaou
Miaou Miaou Miaou Miaou Miaou Miaou
Miaou Miaou Miaou Miaou Miaou Miaou
Miaou Miaou Miaou Miaou Miaou Miaou
Miaou Miaou Miaou Miaou Miaou Miaou
Miaou Miaou Miaou Miaou Miaou Miaou
Miaou Miaou Miaou Miaou Miaou Miaou
Miaou Miaou Miaou Miaou Miaou Miaou

Miaou Miaou Miaou Miaou Miaou Miaou
Miaou Miaou Miaou Miaou Miaou Miaou
Miaou Miaou Miaou Miaou Miaou Miaou
Miaou Miaou Miaou Miaou Miaou Miaou
Miaou Miaou Miaou Miaou Miaou Miaou
Miaou Miaou Miaou Miaou Miaou Miaou
Miaou Miaou Miaou Miaou Miaou Miaou
Miaou Miaou Miaou Miaou Miaou Miaou
Miaou Miaou Miaou Miaou Miaou Miaou
Miaou Miaou Miaou Miaou Miaou Miaou
Miaou Miaou Miaou Miaou Miaou Miaou
Miaou Miaou Miaou Miaou Miaou Miaou
Miaou Miaou Miaou Miaou Miaou Miaou
Miaou Miaou Miaou Miaou Miaou Miaou
Miaou Miaou Miaou Miaou Miaou Miaou

Miaou Miaou Miaou Miaou Miaou Miaou
Miaou Miaou Miaou Miaou Miaou Miaou
Miaou Miaou Miaou Miaou Miaou Miaou
Miaou Miaou Miaou Miaou Miaou Miaou
Miaou Miaou Miaou
Miaou Miaou Miaou Miaou Miaou Miaou
Miaou Miaou Miaou Miaou Miaou Miaou
Miaou Miaou Miaou Miaou Miaou Miaou
Miaou Miaou Miaou Miaou Miaou
Miaou Miaou Miaou Miaou Miaou Miaou
Miaou Miaou Miaou Miaou Miaou Miaou
Miaou Miaou Miaou Miaou Miaou Miaou
Miaou Miaou Miaou Miaou Miaou Miaou
Miaou Miaou Miaou Miaou
Miaou Miaou Miaou Miaou Miaou Miaou
Miaou Miaou Miaou Miaou Miaou Miaou

Miaou Miaou Miaou Miaou Miaou Miaou
Miaou Miaou Miaou Miaou Miaou Miaou

Miaou Miaou Miaou Miaou Miaou Miaou
Miaou Miaou Miaou Miaou Miaou Miaou

Miaou Miaou Miaou Miaou Miaou Miaou
Miaou Miaou Miaou Miaou Miaou Miaou

Miaou Miaou Miaou Miaou Miaou Miaou
Miaou Miaou Miaou Miaou Miaou Miaou

Miaou Miaou Miaou Miaou Miaou Miaou
Miaou Miaou Miaou Miaou Miaou Miaou
Miaou Miaou Miaou Miaou Miaou Miaou
Miaou Miaou Miaou Miaou Miaou Miaou

Miaou Miaou Miaou Miaou Miaou Miaou
Miaou Miaou Miaou Miaou Miaou Miaou
Miaou Miaou Miaou Miaou Miaou Miaou
Miaou Miaou Miaou Miaou Miaou Miaou
Miaou Miaou Miaou Miaou Miaou Miaou
Miaou Miaou Miaou Miaou Miaou Miaou
Miaou Miaou Miaou Miaou Miaou Miaou
Miaou Miaou Miaou Miaou Miaou Miaou
Miaou Miaou Miaou Miaou Miaou Miaou
Miaou Miaou Miaou Miaou Miaou Miaou
Miaou Miaou Miaou Miaou Miaou Miaou
Miaou Miaou Miaou Miaou Miaou Miaou
Miaou Miaou Miaou Miaou Miaou Miaou
Miaou Miaou Miaou Miaou Miaou Miaou
Miaou Miaou Miaou Miaou Miaou Miaou

Miaou Miaou Miaou Miaou Miaou Miaou
Miaou Miaou Miaou Miaou Miaou Miaou
Miaou Miaou Miaou Miaou Miaou Miaou

Miaou Miaou Miaou Miaou Miaou Miaou
Miaou Miaou Miaou Miaou Miaou Miaou
Miaou Miaou Miaou Miaou Miaou Miaou
Miaou Miaou Miaou Miaou Miaou Miaou
Miaou Miaou Miaou
Miaou Miaou Miaou Miaou Miaou Miaou
Miaou Miaou Miaou Miaou Miaou Miaou
Miaou Miaou Miaou Miaou Miaou Miaou
Miaou Miaou Miaou Miaou Miaou Miaou
Miaou Miaou Miaou Miaou Miaou Miaou
Miaou Miaou Miaou Miaou Miaou Miaou
Miaou Miaou Miaou Miaou Miaou Miaou

Miaou Miaou Miaou Miaou Miaou Miaou
Miaou Miaou Miaou Miaou Miaou Miaou
Miaou Miaou Miaou Miaou Miaou Miaou
Miaou Miaou Miaou Miaou Miaou Miaou
Miaou Miaou Miaou Miaou Miaou Miaou
Miaou Miaou Miaou Miaou Miaou Miaou
Miaou Miaou Miaou Miaou Miaou Miaou
Miaou Miaou Miaou Miaou Miaou Miaou
Miaou Miaou Miaou Miaou Miaou Miaou
Miaou Miaou Miaou Miaou Miaou Miaou
Miaou Miaou Miaou Miaou Miaou Miaou
Miaou Miaou Miaou Miaou Miaou Miaou
Miaou Miaou Miaou Miaou Miaou Miaou
Miaou Miaou Miaou Miaou Miaou Miaou
Miaou Miaou Miaou Miaou Miaou Miaou

Miaou Miaou Miaou Miaou Miaou Miaou
Miaou Miaou Miaou Miaou Miaou Miaou
Miaou Miaou Miaou Miaou Miaou Miaou
Miaou Miaou Miaou Miaou Miaou Miaou
Miaou Miaou Miaou
Miaou Miaou Miaou Miaou Miaou Miaou
Miaou Miaou Miaou Miaou Miaou Miaou
Miaou Miaou Miaou Miaou Miaou Miaou
Miaou Miaou Miaou Miaou Miaou
Miaou Miaou Miaou Miaou Miaou Miaou
Miaou Miaou Miaou Miaou Miaou Miaou
Miaou Miaou Miaou Miaou Miaou Miaou
Miaou Miaou Miaou Miaou Miaou Miaou
Miaou Miaou Miaou Miaou
Miaou Miaou Miaou Miaou Miaou Miaou
Miaou Miaou Miaou Miaou Miaou Miaou

Miaou Miaou Miaou Miaou Miaou Miaou
Miaou Miaou Miaou Miaou Miaou Miaou

Miaou Miaou Miaou Miaou Miaou Miaou
Miaou Miaou Miaou Miaou Miaou Miaou

Miaou Miaou Miaou Miaou Miaou Miaou
Miaou Miaou Miaou Miaou Miaou Miaou

Miaou Miaou Miaou Miaou Miaou Miaou
Miaou Miaou Miaou Miaou Miaou Miaou

Miaou Miaou Miaou Miaou Miaou Miaou
Miaou Miaou Miaou Miaou Miaou Miaou
Miaou Miaou Miaou Miaou Miaou Miaou
Miaou Miaou Miaou Miaou Miaou Miaou

Miaou Miaou Miaou Miaou Miaou Miaou

Miaou Miaou Miaou Miaou Miaou Miaou

Miaou Miaou Miaou Miaou Miaou Miaou

Miaou Miaou Miaou Miaou Miaou Miaou

Miaou Miaou Miaou Miaou Miaou Miaou

Miaou Miaou Miaou Miaou Miaou Miaou

Miaou Miaou Miaou Miaou Miaou Miaou

Miaou Miaou Miaou Miaou Miaou Miaou

Miaou Miaou Miaou Miaou Miaou Miaou

Miaou Miaou Miaou Miaou Miaou Miaou

Miaou Miaou Miaou Miaou Miaou Miaou

Miaou Miaou Miaou Miaou Miaou Miaou

Miaou Miaou Miaou Miaou Miaou Miaou

Miaou Miaou Miaou Miaou Miaou Miaou

Miaou Miaou Miaou Miaou Miaou Miaou

Miaou Miaou Miaou Miaou Miaou Miaou
Miaou Miaou Miaou Miaou Miaou Miaou
Miaou Miaou Miaou Miaou Miaou Miaou

Miaou Miaou Miaou Miaou Miaou Miaou
Miaou Miaou Miaou Miaou Miaou Miaou
Miaou Miaou Miaou Miaou Miaou Miaou
Miaou Miaou Miaou Miaou Miaou Miaou
Miaou Miaou Miaou
Miaou Miaou Miaou Miaou Miaou Miaou
Miaou Miaou Miaou Miaou Miaou Miaou
Miaou Miaou Miaou Miaou Miaou Miaou
Miaou Miaou Miaou Miaou Miaou Miaou
Miaou Miaou Miaou Miaou Miaou Miaou
Miaou Miaou Miaou Miaou Miaou Miaou
Miaou Miaou Miaou Miaou Miaou Miaou

Miaou Miaou Miaou Miaou Miaou Miaou

Miaou Miaou Miaou Miaou Miaou Miaou

Miaou Miaou Miaou Miaou Miaou Miaou

Miaou Miaou Miaou Miaou Miaou Miaou

Miaou Miaou Miaou Miaou Miaou Miaou

Miaou Miaou Miaou Miaou Miaou Miaou

Miaou Miaou Miaou Miaou Miaou Miaou

Miaou Miaou Miaou Miaou Miaou Miaou

Miaou Miaou Miaou Miaou Miaou Miaou

Miaou Miaou Miaou Miaou Miaou Miaou

Miaou Miaou Miaou Miaou Miaou Miaou

Miaou Miaou Miaou Miaou Miaou Miaou

Miaou Miaou Miaou Miaou Miaou Miaou

Miaou Miaou Miaou Miaou Miaou Miaou

Miaou Miaou Miaou Miaou Miaou Miaou

Miaou Miaou Miaou Miaou Miaou Miaou
Miaou Miaou Miaou Miaou Miaou Miaou
Miaou Miaou Miaou Miaou Miaou Miaou
Miaou Miaou Miaou Miaou Miaou Miaou
Miaou Miaou Miaou
Miaou Miaou Miaou Miaou Miaou Miaou
Miaou Miaou Miaou Miaou Miaou Miaou
Miaou Miaou Miaou Miaou Miaou Miaou
Miaou Miaou Miaou Miaou Miaou
Miaou Miaou Miaou Miaou Miaou Miaou
Miaou Miaou Miaou Miaou Miaou Miaou
Miaou Miaou Miaou Miaou Miaou Miaou
Miaou Miaou Miaou Miaou
Miaou Miaou Miaou Miaou Miaou Miaou
Miaou Miaou Miaou Miaou Miaou Miaou

Miaou Miaou Miaou Miaou Miaou Miaou
Miaou Miaou Miaou Miaou Miaou Miaou

Miaou Miaou Miaou Miaou Miaou Miaou
Miaou Miaou Miaou Miaou Miaou Miaou

Miaou Miaou Miaou Miaou Miaou Miaou
Miaou Miaou Miaou Miaou Miaou Miaou

Miaou Miaou Miaou Miaou Miaou Miaou
Miaou Miaou Miaou Miaou Miaou Miaou

Miaou Miaou Miaou Miaou Miaou Miaou
Miaou Miaou Miaou Miaou Miaou Miaou
Miaou Miaou Miaou Miaou Miaou Miaou
Miaou Miaou Miaou Miaou Miaou Miaou

Miaou Miaou Miaou Miaou Miaou Miaou
Miaou Miaou Miaou Miaou Miaou Miaou
Miaou Miaou Miaou Miaou Miaou Miaou
Miaou Miaou Miaou Miaou Miaou Miaou
Miaou Miaou Miaou Miaou Miaou Miaou
Miaou Miaou Miaou Miaou Miaou Miaou
Miaou Miaou Miaou Miaou Miaou Miaou
Miaou Miaou Miaou Miaou Miaou Miaou
Miaou Miaou Miaou Miaou Miaou Miaou
Miaou Miaou Miaou Miaou Miaou Miaou
Miaou Miaou Miaou Miaou Miaou Miaou
Miaou Miaou Miaou Miaou Miaou Miaou
Miaou Miaou Miaou Miaou Miaou Miaou
Miaou Miaou Miaou Miaou Miaou Miaou